# 進化における
# 丸山眞男と夢と

堀江秀治

文芸社

# 戦後の日本人は白痴である

# 序

本書は田中英道著『日本人にリベラリズムは必要ない。』にインスピレーションを受けて書かれた著作であって、リベラリズムとは関係がない、と言うより、私にはリベラリズムそのものがよく分からない。

なお、これまで書いてきた私の造語思想についてはほとんど触れていない。

なお「夢の正体」は「少年　丸山眞男」を書いていて思いついたことである。

目次

# 少年　丸山眞男

田中（以下敬称略）が、その著作で丸山に関して述べていることを、一応私なりに略記する（丸山に関係ないものもある）。

「なぜ日本には思想がないのか」「日本人には主体性が根付かない」「日本には自立した思想あるいは自由、平等、博愛といった西洋思想が身に着かないのか」「思想は外国（西洋）から来るもの」「言語化されたものだけが思想」「自由という言葉は古来、日本では悪い意味に使われてきた」「マルセル・デュシャンの『泉』」等である。

なお、田中はデュシャンの名を挙げているが、彼についての言及はない。それについては、私の処女作『生における神秘体験の意味』で、すでに述べている。

私が『少年　丸山眞男』を書くに至ったのは、半ば彼の影響下に大江健三郎、朝日新聞、岩波書店等の左翼系（私はこんな日本に有りもしない言葉を使用したくはないが）知識人の、その幼稚さ（退化性）が、マッカーサーをして「十二歳の少年」と言わしめたことに、納得せざるを得ぬものを感じたからである。そうなれば、日本人一億総少年と考えざるを得ない。

そうしてみれば丸山が、「なぜ日本には思想がないのか」「思想は外国から来るもの」等の馬鹿げたことを言ったのにも、納得がいく。

丸山には自然進化と人工神の下による進歩思想との違い、つまり多神教と一神教の違いが、まったく分かっていない。そも日本のように自然進化による国は、思想を生み出せるようなメカニズムをもっていない。それは、進化そのものが優れた思想と言ってもよいからである。彼はそんなことも分からぬ少年のような頭なのである。対して砂漠に生まれたヨーロッパ・キリスト教文明は、自然を持たぬが故に進化することができず、そこで已むなく、自ら神を捏造し、それに隷属することによって、その神を保証人として「我考える」を捏ち上げげた。これが自分で作ったインチキ神に保証されたヨーロッパの人工進歩思想の始まりである。当然、彼らの思想は反自然捏造思想であり、それはさながらフランケンシュタイン博士の夢見た人工人造思想である。

だから西洋思想の歴史的古層には、そうした情感の薄い人造人間としての「殺し」の思想を宿すことになった。そしてその「殺し」の思想を正当化するために、神の保証下に「我考える」が必要になった。つまり西洋思想とはそうした殺しのための捏造思想だということである。従って彼らの思想は一見美しいものに見えても、根（歴史的古層）は「殺し」であるから、民主主義、共産主義等はその要因を多分に帯びている。そのことを戦後日本の退化少年にはまったく理解できない。つまり思想とは最低なものだ、ということが、進化するのが正常である生命の世界において、狂いでもせぬ限り思想は生まれてこぬものなのである。民主主義、共産主義が良く見えるのは、白痴であることの証である。もしアメリカ民主国家が良いものであるならば、いまだ銃社会であるはずがない。彼らの歴史的古層には「殺し」があり、従って人々は信頼関係になく、不安だから銃を所持するのである。私は当たり前のことを言っていると思うが？

生命進化については、これまで多く述べてきたのでここでは触れず、ただ古い歴史（太古）からの情報の蓄積によって今日に至っていることだけを、記憶してくれればよい。日本では縄文時代以前から、また西洋ではいつとも分からぬが、分かっていることは『聖書』の時代、彼らは進化だけでは食い繋げぬ状態にあり、そこで生き延びるために、人工進歩の思想概念の萌芽を『聖書』と共に生じさせた。従って西洋文明では、進化の概念は進歩思想の陰に隠れて、公式にはほとんど姿を現さなかった。

日本において進化は自然なことだったからまったく頭にも昇らなかったが、無自覚にそれを認識していたのは、武士であった。福沢諭吉の思想などはその進化の典型であり、また三島由紀夫なども無自覚にせよ、進化と進歩との異なることを直感していた。彼は檄文で「それは自由でも民主主義でもない。日本だ。われわれの愛する歴史と伝統の国、日本だ」と書いている。前半の「民主主義でもない」として否定しているのは、それは日本人が進化の末に生み出したものではなく、西洋から与えられた猿マネ暗記ザル少年のための玩具《おもちゃ》だと認定したのに対し、後半の「歴史と伝統」は進化することによって、それを日本人が歴史的古層に蓄積しているはずだ、と言っているのである。

丸山には、ヒトは進化する生命であって、思想など生み出せぬのが常識であって、キリスト教によって様々な思想を生み出す西洋文明は異常だ、という認識がまったくできなかった。私には世界史的に見て、西洋文明のしてきたことは、進化の外道化した悪性腫瘍の如くに見える。

西洋キリスト教文明は、砂漠という進化のできぬ土地に生まれた。そこで彼らは生き延びるため、自分で神を作り出しそれに隷属し、その神の保証に基づく言語・思想によって、戦争、略奪、破壊を善とする「思想」を生み出し、それによって侵略ヤクザ（悪性腫瘍）文明を作っていった。なぜヤクザ文明というのかは、自分で作った神の保証の下にあるとは彼らは実質神人だからである。だから彼らは自分らが間違った、とは決して言わない。と言うより、そのこと自体が分からない。なぜなら自身が神なのだから。
思想とは、古代ヨーロッパでは進化ができなかったから、「考えて生き延びる」ための思考（思想）が必要となり、そのためにキリスト教が利用されたのである。それには無自覚にもせよ、キリスト教というヤクザ文明の礎となる神を作り出すことによって、それに隷属し、それを根拠に「考える」ことを正当化し、自らを神人化することである。そしてその「考える（思想を生み出す）」根拠の正当性としての神の保証を必要としたのである。それが中世のキリスト教徒をして、「神の存在証明」に熱中させた理由である。むろん彼らとて神が現実物として存在しないことは分かっていた。「神の存在証明」とは、彼らのなかに神の属性のあることを、論理的に証明すればいいだけのことなのだが、もともと進化する生命でしかないヒトにそんなものの在《あ》るわけがない。

が、砂漠に生まれた人工宗教を生きるヨーロッパ人は、進化の概念とは無縁に生きてきたから、もともとヒトのなかに神の概念は有るものと無意識にも信じ、半ば先入見を持って生きてきていたから、いかに巧妙な詭弁をもって神の存在を証明するかに掛かっていた。少なくとも日本人である私から見ればそう見える。

そしてそれはデカルトの証明によって「我考える、故に我あり」として成された。「我考える」の意味は当然だが、「我あり」とは神の属性として在《あ》る、ということである。

いずれにしろ「神の存在証明」が為され、それによって自らが神人化したと錯覚できれば、後はもう彼らの好き勝手である。つまり神の保証によって、西洋思想は遣りたい放題になった。西洋ヤクザ文明の出処はここにある。それは世界史を読めば一目瞭然だが、少年の頭には無理なようである。

それに対して進化を生きてきた日本人には、「我考える」を必要とせぬが故に、キリスト教のような宗教を必要とせず（それは今日においても変わらず）、従ってそれは「考える」能力を——武士、禅者を除いて——まったく発達させなかった。つまり退化少年のままでよかったのである。

それは大東亜戦争敗戦によって露骨に顕れ、日本で唯一「考える」（進化）の能力を持っていた武士、禅者を失い、その結果、日本人全体が十二歳の少年の空っぽ頭に退化してしまった。ちなみに農民から出自している武士も頭は空っぽである。なにが違っているのかと言えば、彼らの空っぽ頭のなかには「無」（空）が入っていることである。

それはそれまで、空っぽ頭の農工商（「村」人）は、武士の統治・指導（教育）の下にあればよかったのが、彼らを失ったことは、まったく空っぽ頭化することであり、しかも彼らも意識を持っている以上、そこを空っぽに空けておくことはできぬ、と感ずる者も出てくる。そこに不幸にして西洋人の持っていた、進化とは無縁の彼らの思想が、空っぽ頭の少年に流入し熱狂させることになった。なぜそうなったかと言えば、それまで十二歳の少年は、頭が空っぽの上、思想という玩具《おもちゃ》と遊んだことがなかった。つまり日本人には、思想とは神（キリスト教）の保証の下に成り立っているものだ、ということを知る者はいなかった（今も知らない）。従って彼らの空っぽ頭は当然のこととして、それが日本人の歴史的古層および進化とは無縁だ、という理解もなしに

（なにしろ少年にとっての玩具だったから）、民主主義、共産主義、実存主義、フェミニズム、リベラリズム等、そしてそれらと同様に日本人は進化を生きてきたから、キリスト教・進歩思想に根をもつ西洋の哲学、政治学、経済学等の意味も分からず、少年の玩具として遊ぶことになった。そうであれば「日本に思想がない」（進化を生きているのだから）のも「思想が外国から来る」のも（少年の玩具だから）分からぬのは当然である。

日本人は進化を生きている以上、退化少年化するのではなく、ひたすら、進化（肉体の無）の道を邁進するしかない、ということが分からない。そのことは東京大学へ入学し勉強しても、退化少年化は一向改められぬ、ということである。進化は猿マネ暗記ザル化によっては得られない。東大と進化とは無関係なのである。

その点、三島や私は進化しているから「日本に思想のない」ことも、また「思想が外国から来るもの」でもないこともなぜか知っている。後者について言えば、私は「日本の思想と呼ぶべきもの」を持っている。それが無に近い進化における歴史的古層である。

この国が戦後、完全に退化少年化したのは丸山という十二歳の少年が、思想家であることが証している。


正直、痛感するのは、決して国民に平和など与えてはならぬことである。

江戸時代、「村」人は武士の保護下で野性を失い、その退化（ペット化）した歴史的古層は、戦後もろに「平和ボケ」となって現れた。つまり「考える」能力のない白痴化であり、西洋猿マネ暗記ザル化である。すなわち自分の頭で考えることのできぬ、言い換えるなら、それは一度ペットにまで退化した生命は、もはや野性では生存できぬことを意味する。それが戦後の日本の現実である。つまりペットは食い殺されるまで目覚めぬのである。

そのことが分かっていたのが三島である。彼は福沢の言う「士風」を持っていた。それに対して福沢をあれほど論じながら、さっぱり分かっていなかったのが丸山である。彼の歴史的古層は平和ボケのなかにあった。つまりペットの頭で「考え」ていたのである。だから彼は平和ボケ思想家でいられたのである。

ここで一つ、注記せねばならぬことのあることに気づいた。

それは私がこれまでニヒリズム＝虚無としてきたことは、ある意味誤りだったことである（ニヒリズムは正しくは虚無主義）。思想である「イズム」「主義」等は、神に保証された個の価値を生きている西洋人には当たり前のことだから個人の内面には興味はなく、ただその集団的価値の是非に焦点が当てられただけであった。それが「イズム」「主義」等である。

それに対し虚無は無同様、日本人は生命進化の群れ集団価値を生きてきたから、それには興味を置かず、個の内面に視点を向けた。その理由は、進化が「肉体の無」によって為されているが故に、そうなるのが自然であった。他方西洋人は肉体の無を持たぬが故、――実際は持っているのだが、たとえばニーチェ――彼らの関心は「イズム」「主義」といった集団人工思想の方向にむかってしまった。それを無の方向にむけるのは、歴史的古層の問題も絡んできて、迚《とて》もではないが無理である。

丸山は日本人の歴史的古層である士農工商的なものの内の、士の欠けた農工商としての退化した「村」人の歴史的古層を生きてきた人物である。従って彼は子々孫々の退化において「考える」ことをしてこなかった結果として、彼にその能力のないのは当然である。

「村」人とは、福沢諭吉の言葉を借りて言えば「逃げ走る」「客分」の歴史的古層しか持たぬ人間である。その意味において、主体性とは「主人」(福沢)として進化した戦う人である。戦後の「逃げ走る」(丸山を含めた)「村」人しかいない、退化した日本人に主体性を持つ者はいない。それに生命進化上、自分が進化上にあるのか、それとも退化しているのかを自覚することはできない。ただ日本人が退化上にあることは、日本人の愛国心が世界的に断トツに低いことによって判断するしかない。

世界は日本を例外とすれば、ほぼ「殺し」を道楽とするヤクザ社会である。戦後日本がヤクザ社会でないのは、死を恐れるあまり退化しているからである。しかも「逃げ走る」「村」人しかいない。今日の日本は平和憲法などと言い、「九条の会」などという御札に縋《すが》って、「平和、平和」と叫びつづけていれば平和でいられると信じている、新興宗教並みに退化した教祖的知識人がいるだけの国である。

だからヤクザの出入り（戦争）が起こると、日本「村」人は見かじめ料を払えば、許してもらえると考える。そのいい例が湾岸戦争である。それに対し大親分のアメリカは、ひどく日本を叱りつけた。それからは出入りがあると、日本は見掛け倒しに自衛隊を派遣するようになった。しかしそれは憲法に抵触する。正直、日本国憲法など有ってなきが如きものである。都合次第でどちらにもつく、蝙蝠《こうもり》憲法である。従って国会などは、ただの蝙蝠合戦のようなもので、さっさとそんな人工進歩思想に基づく民主主義など止めればいいのだが、長年「逃げ走る」「客分」しかやってこなかった「村」人の退化した頭は、空っぽで「考える」能力ゼロであるから、所詮、親分から頂いた平和憲法にしがみつくしかない。

正直、憲法は明治憲法でもよいのである。問題は「人」である。憲法で「戦争の放棄」を謳《うた》おうが、謳うまいが、詰まる所「人」がいなければどうにもならない。そのことが分からぬのは退化しているからである。戦争は自国がしたくなくとも、相手が仕掛けてくることのある種のものだから「逃げ走る」「客分」では駄目だ、ということが分からない。

しかも大江健三郎などは、自国（日本）と他国（アメリカ）との区別もつかぬ有様である（前作『西洋詐欺文明論』参照）。当然、彼を支持する朝日新聞、岩波書店も同類である。と言うより、日本社会全体が退化していると言える。これは主体性云々以前の問題である。

つまり「逃げ走る」「客分」の歴史的古層しか持たぬ日本人は、自分が自国の「主人」だという自覚のないことが問題なのである。だから「逃げ走る」「客分」には、日本国憲法という他人様の作ったものでもいいのである。どうせ「逃げる」のだから。

それに比べ明治人には、まだ武士の思想をもつ者がいたから、自らが自国の「主人」である自覚があったが故に、自国を守るために日清、日露と戦争をした。そこには福沢の言う「殺人、散財は一時の禍にして、士風の維持は万世の要なり」の思想をもつ「人」がいた、ということである。

しかしその後、「人」を失った――「逃げ走る」「村」人だけになった――日本は大東亜戦争、そして戦後は、西洋を猿マネするサルしかいなくなった。「人」がいなければ、どんな立派な憲法があろうとも反故だ、ということが分からない。

そして戦後、その「人」でなしの代表者が丸山である。士風としての「考える」能力ゼロの西洋猿マネ暗記ザル少年である。日本に自由、平等、博愛等の思想がなかったのは、そんなものを必要としない「善い国」だったからだ、ということが理解できない。過去の日本人が、自由を悪い意味にしか使用しなかった理由も、当然分からない。

ヨーロッパ文明は古代から劣悪な戦争社会であり、言ってみればフランケンシュタイン的糞尿文明といってもよいほど汚い。

そこにデュシャンの『泉』（1917年）が出てくる理由があるのだが、この芸術作品（思想）は、横向きに置かれた男子用便器に、ただ『泉』と名付けられ出品されたものである。もし同じ作品を日本人が日本で出品したら、「馬鹿か」と黙殺されたはずである。なぜなら日本人の歴史的古層は自然神道であり、また西洋人のように言語がキリスト教の強い支配下になかったからである。

それがヨーロッパ人に、それを黙殺できぬ歴史的古層となった。彼らにしても『泉』が、男子用便器に男性が尿を垂らすことの隠喩だ、というくらいの知能は持っているだろうし、またそれだけのことならなんの問題もなかった。ところが、そうできぬ歴史的古層を西洋人は持っており、その何であるかが分からなかったから、大問題になったのである。

つまり私の言いたいことは、「シャワー器具」あるいは「水道栓」のような清潔なものに、『泉』と名付けても芸術作品にならぬところに、西洋文明の歴史的古層の醜悪さ（悪性腫瘍性）があるということである。すなわち彼らのキリスト教文明が糞尿のように汚いもの（戦争、欲望等）を含んでいたから、男子用便器＝『泉』が美しい芸術作品（詐欺思想）に成り得たのであり、それが「シャワー器具」「水道栓」では、そう成り得なかったことに問題があるのである。これが西洋詐欺思想の本質であり、彼らがキリスト教をなにも無いところ（砂漠）から、自己偽善（本書では説明しない）によって生み出したように、彼らの思想もまたそうした性質を帯びているのである。つまり彼らの文明は無いものから有を作り出すフランケンシュタイン博士の手品のような文明だから、他人《ひと》を騙す能力――自己偽善も本質的には同じである――を持つことになった。進歩思想とはそうした手品の思想であり、その手品の種《たね》はキリスト教にある。ところが日本人はキリスト教が理解できぬ子供だから、それが手品だということが分からない。

西洋思想の自由、平等等、また、民主主義、共産主義等も、そこが汚い男子用便器から『泉』が湧き出たように、古代ヨーロッパが糞尿土壌であったが故に、彼らはキリスト教（手品）を利用して、それによって自由、平等、民主主義、共産主義等の、一見美しそうに見える思想を生み出すことになったのである。西洋思想とは、そうした汚いものを根底（歴史的古層）に持つものなのである。戦後の日本人はその手品に小気味いいほどよく騙された。振り込め詐欺に引っ掛かるように。民主主義もその手品の一つだということも分からない。その分からぬ訳は、日本人の歴史的古層には「殺し」の思想がないからである。

それは、丸山の言う「なぜ日本には思想がないのか」「思想は外国からくるもの」等は、そうした西洋人のもつ詐欺（手品）に彼自らが進んで引っ掛かっただけのことである。進化を生きる生命（ヒト）は、もともとそんな手品のような思想を持たない。だから西洋思想は言語による詐欺だと言うのである。それに日本人にはもともとそんなものは必要がなかった。つまり日本人の歴史的古層は、縄文時代から極めて清潔な歴史的古層――そこから神道が生まれた――を持っていたが故に、男子用便器＝『泉』のような思想を生み出す必要がなかった。だから西洋思想の詐欺に簡単に引っ掛かるのである。

そして日本人の歴史的古層は、進化によって徐々に武士によって国家として支えられていくことになった。しかし大東亜戦争によって武士を完全に失うことによって、日本人の歴史的古層は「考える」能力をもたぬ「村」人少年の空っぽ頭の、なんにでも染まる白布地の如きものになってしまったから、どぎつい色をした外国思想を半ば先生として取り入れることに何の抵抗も覚えぬと同時に、そうした関係は無意識にも西洋コンプレックスに陥ることになった。しかも日本人は「考える」能力がないから、思想が最低だということを、まったく理解できなかった。当然、今も分からない。

日本人のその無意識のコンプレックスは、それがヨーロッパ思想が糞尿土壌（男子用便器）を栄養として育った人工思想（『泉』）であろうとも、そんなことを退化した頭は「考える」能力もなく、それに憧れたのである。その酷さは、丸山がヒトラーやゲッベルスは主体性をもってファシズムを作ったという、ほとんど讃美に近いものになる始末である。

そんな日本人だから、西洋思想がデュシャンの『泉』の如き詐欺とも悪性腫瘍ともつかぬ醜悪なものであっても、子供が玩具に夢中になるように日本人は「ボーッと燃え上がって、ボーッと消える。信じる気がなくなった」と横井庄一に言わしめることになった。つまり西洋人が「ボーッと燃え上がった」から、猿マネ暗記ザルの日本人も『泉』に「ボーッと燃え上がった」だけのことで、なんの根拠もないのである。彼の言ってることを推断すれば、火はつけてみたものの、頭のなかに燃えるようなものはなにもなかった、ということである。これは民主主義、共産主義についても言えることである。

このこと――男子用便器を『泉』としか見られぬこと――はなにを意味するのかと言えば、西洋人の意識は神による言葉としての価値によって、世界を中味のない上っ面でしか見られぬ、神の支配下にあるが故に――進化の深み（無）が分からぬから――ということである。彼らは神によって言語（意識、思想）を支配されているからそうなるのである。西洋哲学などはまさに空っぽそのものである。

それは「はじめに言葉あり」（『ヨハネ福音書』）であり、生命進化してきたヒトが、初めから言葉を持っているはずのないことが分からない。そうした『聖書』信仰を基本にもつ彼らは、当然「言語化されたものだけが思想」としか見られぬことになる。つまり彼らは、自分たちで作った神の保証に基づいて生み出された、人工進歩思想を生きているのである。共産主義思想が最悪だった理由もそこにある。丸山もそれに洗脳されたのであり、それは日本人でありながら、進化を記した『古事記』を読みこなす知能ももはや持たぬ、ということである。

因《よ》って進化を理解せぬ西洋人は、言語、思想に深さ――ニーチェの虚無、私の歴史的古層――のあることが理解できない、せいぜいフロイトの無意識が限度である。

過去の日本人（武士、禅者）は、その深さとしての無を知っていたが、なにぶん無だから言語化することはできず（私の歴史的古層は一応、無を言語化することはできたが）、今日の日本人はフロイト止まりである。

武士、禅者は過去、その「無」によって「考え」てきたのだが、戦後、それを失うことで日本人は完全に「考える」能力を喪失した。その結果、西洋猿マネ暗記ザル少年になったのである。

武士、禅者は進化の逆行によって肉体のもつ深さを、「肉体の無」「色即是空」と理解し得るに至った。その同じことをニーチェは（ただし彼の場合は虚無だが）、「肉体のなかに住む『本来のおのれ』」、「肉体のもつ大いなる理性」と表現した。

さらに言えば、虚無は進化の逆行（身心脱落）によって、逆行した進化内において、言語によってどこにでも視点を置くことになった、と言うより定点を失う（無数に持つ）ことになったのである。つまり視点がないとは、そこは視点だらけであって、虚構としての「私」という主体の成り立たぬ虚無の世界だということである（これはほとんど狂気の世界である)。だからニーチェは自己の思想を神話、箴言の形で表すことしかできなかった。それに対して、無は「肉体の無」に視点を置くことができた。だが無はなんだかさっぱり分からぬ代物だから、それはついに言語化できなかった。

その点日本人である私は、無を知っていたから、あくまで無に視点を置き、そこから虚無(虚無は言語性を帯びた無という矛盾＝ニーチェ)に焦点を当て、そこからの反射によって言語化した無の視点を定置化することに成功した。それが歴史的古層である。

この思想は私を言語より成る西洋の平たい意識、思想というものへの興味を失わせ、ヒトという意識を持った存在を垂直下に見ることにしか関心を持たせぬことになった。

そのことによって私は虚無に陥り(私はキリスト教をある程度理解していたから)、言語を伴った進化の世界を行き来し――それは言葉で表現することができぬ虚無の苦痛であり――それは遂《つい》にサルないしは原ヒトという肉体に視点を置くことに達し(ニーチェのおかげで)、その無を介した虚無の視点から世界を眺めることに成功した。それによって私は独自の歴史的古層の視点をもつに至り、その「肉体のもつ大いなる理性」「肉体の無」等から意識の世界を見ることができるようになった。つまり無にありながら、意識を通して「考える」ことができるようになったのである。それに対し戦後の日本人は、無を通さぬ意識であるから、結果「考える」能力のない猿マネ暗記ザルになった。

西洋人の日常の意識は、神の下の世界を生きているから虚無とは無縁だが、ニーチェは例外的に進化の逆行によって虚無に陥ることになった。そしてその苦悩のなかで「主体は虚構である」ことに気づいた。

彼の言うヨーロッパ人の主体とは、神の保証により世界を主観的に見、そこに広がる世界を客観視することだが、彼は、世界はそんなものではなく虚構＝フィクション＝嘘だ、といったのである。分かりやすく言えば、ヒトの前に広がる客観世界とはすべて嘘であり、ヒトは嘘の世界を生きている、ということである。だからヒトは嘘がつけるのであり、思想の本質も嘘であり、共産主義など糞尿塗れの大嘘だ、ということである。むろん私も嘘をついていることでは同じである。だから信じられるのは

「肉体の持つ大いなる理性」「肉体の無」等だけなのである。

この彼の思想は、ヨーロッパ人という神＝キリスト教の保証（支配）の下の意識（有）を生きる――主観対客観の世界を生きている――人々にはまったく通じなかった（このことは西洋人と日本人との意識の違いが分からぬ日本人には問題外である）。

なぜならニーチェは、進化を逆行させサルないし原ヒトという「肉体のもつ大いなる理性」等という無の視点（虚無）から、ヨーロッパ人の神に保証された意識の世界（有）を、その虚無から見上げたから、ヨーロッパ文明は「人は自分で神を作り出し、それに隷属する」というインチキ神に保証された詐欺文明（「ヨーロッパのニヒリズム」）だ、と見做したのである。

このことは、ヨーロッパ人は自分で作った神を絶対神として信仰しているのだから、彼らは無意識にしろ神人意識を持って生きている、ということである。従ってそこから生み出される思想は、人工神の保証下にあるものであるが故に、インチキだということになる。

ニーチェが仏教に引かれたのは、仏教が無（主体は虚構）をその宗教の根本原理に置いていたからである。ここでは述べぬが、無と虚無とは近似なのである。

古代ヨーロッパ社会は、そこが余りに劣悪だったが故に――戦争、略奪（奴隷等）、破壊（自然科学等）ゆえに――ヨーロッパ人は自己偽善によってインチキ神（キリスト教）に強大な力を持たせることになった。それは彼らに強い進歩と欲望とへの意志を歴史的古層に抱かせることになった。それが言葉・思想への無意識の信仰（隷属）である。そしてそれは同時に、無意識にも彼らの歴史的古層にヤクザ糞尿思想を宿すことにもなったが、それはほとんど神への信仰によって彼ら自身の、目眩ましにもなった。結果、彼らは戦争を悲劇と見做しながらも、彼らの反自然・人工神の意志としてその支配の道楽から抜け出せなくなった。そしてそれは彼らを精神病文明にすると共に、麻薬文明化させることになった。それは生命として真面に進化をしてこなかったからである。そしてそんなフランケンシュタイン博士の作った文明に憧れるのが、戦後日本の退化少年である。

西洋人は「はじめに言葉あり」の世界を生きているから、彼らの言葉のもつ力が、日本人のそれに比べて圧倒的に強くなるのは当然である。私は旧著『空（無）の思想』においてすでに、「一神教が多神教に比べて言語戦闘力において優《まさ》っている」ことには気づいていたが、それがなぜなのかずっと気になっていた。それは彼らが、神に保証された「我」を生きているから、それが正しいか間違っているかに御構いなしに、「我を主張する」ことになるのである。丸山がヒトラー、ゲッベルスに見た主体性とはそれだけのものである。

そうなると田中の著書で引用されている丸山の言葉は、まったく幼稚と言うしかない。

丸山は「日本には主体性が根付かない」とし、「日本では、東條英機を長とする軍部は、そのような基本的な自分の主張をしない」「なぜ日本には思想がないのか」に対し、「ヒトラーやゲッベルスをはじめ、ナチスの人間はしっかりとナチズムを、あるいは民族主義、アーリア人の優越性をはっきりと説明し、自己の責任をとった」「言論をしっかりと述べて、それが主体性となって、ファシズムを作った」というのは、私には痴人の寝言のようにしか聞こえない。この国はそうしたヤクザに憧れる知能しか持たぬ痴人によって指導されているのである。

それに日本で主体性を持っていたのは武士だけで、丸山の周辺には彼を含めて「逃げ走る」「村」人しかいなかった。丸山は戦前、主体性をもって行動したというのか？

幕末の志士は、自己の主張をし（たとえば尊王攘夷）、主体性をもって行動した。しかしその武士が消滅すると、残ったのは「村」人だけになった。「村」人は自己を主張せず、また主体性も持たず、ただ「私《あっし》が悪うござんした」と言って生き延びてきた「客分」である。自己を主張したり、主体性など持とうものなら、すぐにも殺される。従ってそうした日本人の大多数は、今も自己を主張せず、主体性を持たぬ「逃げ走る」「客分」という空っぽ頭の歴史的古層を生きている。だから仮にも自己を主張しようとすれば、借りものの西洋猿マネ暗記鸚鵡としてするしかない。だから国会は言うに及ばず、日本人の議論となると単なる西洋猿マネ暗記鸚鵡合戦——たとえば左翼だとか、右翼だとか言って——になるしかない。誰も「主人」である日本人としての頭をもって発言する者はなく、結果「逃げ走る」「客分」の「空気」の支配する世界になる。

そんな私には、男子用便器＝『泉』はこれまで「ゴッコ」としか思えなかったが、それがヨーロッパ糞尿土壌に咲いた花だと分かれば、イエスの教えを糞尿塗れにして咲いた花が西洋思想だと分かった。ところが日本人の歴史的古層は、神道に見られるように清潔なものであると同時に非言語的であったから、丸山を筆頭に西洋思想を立派なものだと勘違いした。それに自分の頭を持たず、書いた物しか読まぬからいまだにである。

私もようやく西洋人の「ゴッコ」の世界を解するに至った。

私が特に「ゴッコ」と言うのは、西洋人が「核兵器のない世界」と言って、ノーベル平和賞「ゴッコ」をすることである。私には「核兵器のない世界」など一〇〇％有り得ぬと思っているが、それを今日まで上手く説明することができなかった。それが今になって分かったことは、彼らの言語戦闘力の強さがキリスト教に基づいているように、軍事戦闘力の強さも同様だ、ということである。その象徴が『聖書』であるが、彼ら軍事（ヤクザ）国家にとって、それはあくまで彼らの上に立つ組長であることの象徴の根拠であって、その内容に抵触しようともそんなことはどうでもいいのである。そうであれば『聖書』を無視する糞尿ヤクザ国家の組長が、どうして核兵器を廃絶することなど有り得ようか？　一度でも自分がヤクザの組長になってみれば分かることである。それを実現可能な正論として訴えるのは、男子用便器に『泉』と名付ける詐欺と同じである。だから西洋文明は詐欺文明なのである。

彼らの頭の悪さの根拠は、無と進化の概念のないことである。次の文を読んでもらいたい。

「無を考えてみよ」というのが、そもそも無理な話である。ハイデガーは「無とは何であるか」という問いそのものがおかしい、という。無を問うのに、あるという仕方で提出するのは矛盾ではないか、というのである。

（玉城康四郎著『仏教の根底にあるもの』）

私はハイデガーの頭の悪さに驚いた。「無」と「ある」とは対立概念ではないことが分かっていない。

生命はサル（無）からヒト（ある）へと進化した。言い換えれば、肉体の無から意識あるが生まれた、ということである。従ってあるから肉体の無を問うことは、基本的にできない。基本的とは進化の逆行（身心脱落）よっては可能だが、それは生命本来の道（進化）ではないから非常な困難を伴う。

無を持つことには多くの利点がある。なぜなら無とあるとの二つの視点を持つことができるからである（ただし主視点はあくまで無）。それが虚無に陥ると、数限りない言語を伴った虚無の視点を持つに至り、虚構としての「私」が成り立たぬという苦痛に陥る。

さらにその先に進む前に、西洋人と日本人との意識（思考）の違いについて述べておこう。

私は『空（無）の思想』で、それを西洋人の「私」と日本人の〈私〉とに区別した。戦後の日本人は、「考える」能力ゼロの空っぽ頭だから、かつての武士、禅者が白布地（空っぽ頭）のなかに「空」（無）を据えてそこで「考え」ていた——進化を生きる彼らは無で「考える」だけで言語による思想化はできなかった——ことが分からない。たとえば、西田幾多郎は白布地に「無」がなければ、日本人は「考える」ことのできぬことを知っていた。それに対して神人である西洋人は、その上に「我考える」（その意味を知る日本人はいない）に基づいて糞尿塗れのどぎつい色のインチキ思想を描いたから、空っぽ頭の日本人少年はそれに飛びつき、猿マネ暗記ザル化したのである。丸山に至ってはそのどぎつい色に惑溺し、ヒトラーやゲッベルスの糞尿に主体性まで見る始末である。

ただ東條ら軍部はその白布地になにも描く能力がなかっただけの話で、戦後の同じ能力を生きている日本人に彼らを批判する資格などない。だから私は戦後の日本人は平和な大東亜戦争を生きているだけだと言うのである。いずれ敗戦はまたやってくる。大東亜戦争がそうであったように、戦後も誰も自分の頭で「考え」られる人間がいないから。十二歳の少年のままなのである。

つまり私は白布地の上に「空」(無)を描くことのできない空っぽ頭の日本人を、〈私〉と言ったのであり、それは実質「考える」能力ゼロだということである。空っぽ頭とは、十二歳の少年の頭のことであって、そこにいくら知識を注ぎ込んでも、進化することはなく、トロイの東大生が生まれるだけである。正直、東大など退化人間製造所のようなところである。私は御用学問はできなかったが——西洋猿マネ暗記ザルにはなれなかったが——遥かに暗記ザルより進化していると確信している。

特に戦後、武士を失い、なにも描かれていない白布地(十二歳の少年)化してしまった日本人の頭は、過去、西洋列強がやってきた数々の悪業——植民地主義、奴隷制、ホロコースト、原爆投下等——の歴史を学んでもなにも理解しないどころか、むしろ彼らに憧れる始末である。

郵便はがき

料金受取人払郵便

新宿局承認

2524

差出有効期間
2025年3月
31日まで
(切手不要)

160-8791

141

東京都新宿区新宿1－10－1

(株)文芸社

愛読者カード係 行

| | | | |
|---|---|---|---|
| ふりがな<br>お名前 | | 明治 大正<br>昭和 平成 | 年生　歳 |
| ふりがな<br>ご住所 | □□□-□□□□ | | 性別<br>男・女 |
| お電話<br>番号 | (書籍ご注文の際に必要です) | ご職業 | |
| E-mail | | | |
| ご購読雑誌(複数可) | | ご購読新聞<br>新聞 | |

最近読んでおもしろかった本や今後、とりあげてほしいテーマをお教えください。

ご自分の研究成果や経験、お考え等を出版してみたいというお気持ちはありますか。

ある　ない　内容・テーマ(　　)

現在完成した作品をお持ちですか。

ある　ない　ジャンル・原稿量(　　)

| | | | |
|---|---|---|---|
| 書　名 | | | |
| お買上<br>書　店 | 都道<br>府県　　　　市区<br>郡 | 書店名 | 書店 |
| | | ご購入日 | 年　　月　　日 |

本書をどこでお知りになりましたか?

1.書店店頭　2.知人にすすめられて　3.インターネット(サイト名　　　　)

4.DMハガキ　5.広告、記事を見て(新聞、雑誌名　　　　)

上の質問に関連して、ご購入の決め手となったのは?

1.タイトル　2.著者　3.内容　4.カバーデザイン　5.帯

その他ご自由にお書きください。

(　　　　)

本書についてのご意見、ご感想をお聞かせください。

①内容について

②カバー、タイトル、帯について

弊社Webサイトからもご意見、ご感想をお寄せいただけます。

ご協力ありがとうございました。

※お寄せいただいたご意見、ご感想は新聞広告等で匿名にて使わせていただくことがあります。

※お客様の個人情報は、小社からの連絡のみに使用します。社外に提供することは一切ありません。

**■書籍のご注文は、お近くの書店または、ブックサービス(フリーダイヤル0120-29-9625)、セブンネットショッピング(http://7net.omni7.jp/)にお申し込み下さい。**

さらにまた持ち出して恐縮だが、福沢の母親が、臭くて汚い虱だらけの乞食女の虱を取ってやり、取らせてくれた褒美に飯まで食わせてやるという退化は、広島に原爆を投下されて「過ちは繰返しませぬから」と謝罪する思考となんら変わらない。福沢の時代はまだ武士が統治、指導していたから問題はなかったが、戦後の進化と進歩との区別もつかぬ、頭のなかに蟹味噌しか入っていない丸山のような連中が、猿マネ民主主義をやることには意味がない。

それはすでに述べた退化した大江のように自国（日本）と他国（アメリカ）との区別がつかぬとは――暗記としてはつくが――応用問題となると判断がつかなくなる、ということである。彼の場合、自国と他国との区別がつかぬのは彼には暗記能力はあっても、退化していることの結果である。

たとえば戦国武将において、戦が暗記した通りに行われぬことを考えてみればよい。いつ何が起こるか分からぬから自分の頭で臨機応変に「考え」なくてはならない。そのために武士は肉体の「無で考え」なくてはならなかった。つまり無から現状を見て判断しなければならぬのである。そのためには進化せねばならず、猿マネ暗記では用をなさない。この国の問題はそのことを「考えられる」「人」のいないことである。

それに対して、西洋人の「私」はまったく違う。

日本人で西洋思想を理解できるヒトは、ゼロだろう。西洋思想の本質にあるのは、キリスト教であり、それを気候風土的、地政学的に理解できるヒトはまずいない。従って退化を生きる空っぽ頭の日本人が、キリスト教抜きで西洋進歩思想を学ぶ（暗記する）ことはほとんど意味がない。日本で思想に値するのは「進化を強化し」「無私で考える」ことだけである。そうでないからこそ猿マネ暗記ザルになったのである。そもそも西洋思想はそれが砂漠の宗教から生まれたものであり、そこには食糧難の問題があり、それが戦争多発を誘発し、彼らの歴史的古層に「殺し」の思想を植え付けることになった。それが民主主義の本質にあるものである。従って憲法九条があるということは、民主主義でないことの証である。

宗教は生命的に多神教（進化）であるのが正常なのであって、一神教（進歩）は異常なのである。異常とは、進化による自然神ではなく、人工的に創られた神だということである。こうなればヒトは自由に神を操ることが可能になる。また可能だからこそこんな酷い世界になってしまったのである。

原ヒトは白布地の状態にあるとき、まず自然の与えてくれる恵みに神々の地位（名称）を与えた。日本の八百万神がそれであり、ラスコーの壁画にしてもその種のものであると考える。しかし砂漠の宗教キリスト教は、その種のものを持たなかった。そこで人工的絶対神を天に作り出しそれに隷属した。そこには自己偽善という、自分で作り出した神（嘘）に自ら騙されるというメカニズムが働いていることは言うまでもない。しかしこの人工的絶対神は、多神教に比べて食べて生き延びるための、ある種の強欲・凶暴（ヤクザ）性を歴史的古層に宿すことになった。

その「殺し」を帯びた絶対神は、生き延びるため、戦争、略奪、破壊を善とし、神の意志としての進歩と欲望とをその歴史的古層に宿すことになった。それが後の植民地主義、ホロコースト、原爆投下等であり、また欲望の資本主義である。

それらを彼ら神人は、ヒトをモノとしてしか見ぬから可能なのであり、それが西洋文明の本質にあるものである。それが個人主義であり、それは生命が本質的に持っている群れ本能価値を喪失させることで、西洋を人間不信文明に仕立てあげることになった。

欲望の資本主義（資本主義とはもともと「欲望の」である）とは、古代ヨーロッパの奴隷制において、その地が食糧不足であったが故に、市民は奴隷を含めたその獲得のために戦争をする人であり、労働は奴隷の仕事となった。それが今日、働かぬ資本家と労働者とから成る資本主義の歴史的古層であり、しかもその地が砂漠であり、そこから生まれたキリスト教が、その歴史的古層に進歩と欲望とを抱えているが故に、欲望の資本主義はますます発展していくことになった。

その発展過程において、古代ギリシャの民主主義を参考にして生まれたのが、現代のそれである。つまり欲望のために戦争をし、――植民地主義などその典型――それが拡大化し世界的規模の戦争となれば、それに勝つためには徴兵制は是非とも必要となり、その代償として御為ごかしにせよ国民に市民権を与えることで生まれたのが民主主義である。言い換えれば、それは欲望の民主主義だということである。これが民主国家において格差が広がる理由でもある。

チャーチルは民主主義に、最低だがこれしかない程度の評価しか与えず、また古代ギリシャでは二度と採用しなかった。つまり最低だから今日まで二度と採用されなかったのであり、近代にそれが操られるようになったのは、戦争の拡大化により徴兵が必要になっただけのことである。

斯くして砂漠に生まれたキリスト教は、その歴史的古層に進歩と欲望とに基づく、戦争、略奪、破壊を正当化することで神は糞尿塗れとなって、現代に『泉』のごとき数々の糞尿思想を生み出すに至った。それは彼らの歴史的古層には、そうした思想を生み出す糞尿塗れの土壌があるということである。そしてそれは図らずも、現代芸術において男子用便器から『泉』という思想作品を生み出すことになった。

私はハイデガーを馬鹿と言ったが、日本人はその上をいっている。空（無）を失ったただ退化した白布地に、ひたすらどぎつい人工着色思想に基づいた西洋の糞尿思想を猿マネして、それを「考える」ことだと思うのは、まさに丸山を筆頭とする少年の頭である。それが丸山の「なぜ日本には思想がないのか」「思想は外国からくるもの」等である。彼の退化した空っぽ頭は、思想は西洋の言語による人工思想しかないと洗脳されてしまっているのである。それにもともと日本人の頭は空っぽである。そこに無（空）が入っているか否かによって「考える」能力の存否が決まる。さらに彼に限らず日本人には言語化を基本とするキリスト教がまったく理解できぬから、彼らの西洋思想理解は、上っ面の猿マネ暗記になってしまうのである。キリスト教抜きで西洋思想を理解しようなどというのは、少年にしかできぬことである。

そもキリスト教は、神学によって成り立っているものである。砂漠の宗教キリスト教は、神を根拠づけるようなものを何も持っていないから、神学を作り上げることによってそれを為そうとしたのであるが、もともと多神教のようにその根拠を持たぬ彼らの神は、神学という学問に憑依することによって、「神の存在証明」によって神があるかのように、自己偽善を通して、言わばキリスト教を擬制宗教にでもしない限り、キリスト教文明は崩壊すると直感したのである。だからキリスト教には、神学論が必要となるのである。従って、かつて哲学が神学の侍女に過ぎなかったのも当然である。そうした宗教であれば、日本人と無縁なのは道理で、それでいて、そうした宗教が生み出した思想を信奉するとは、少年の頭に外ならない。

それをカール・レーヴィットは「二階建ての家に住んでいるようなもので、階下では日本的に考えたり感じたりするし、二階にはプラトンからハイデガーに至るまでのヨーロッパの学問が紐《ひも》に通したように並べてある。……これで二階と階下を往き来する梯子はどこにあるのだろうか」と揶揄している。彼は揶揄したわけではないのかもしれぬが、プラトンからハイデガーまでの哲学が日本人になんの関係があるのか、を問うたのである。

この二階の西洋哲学と、階下の無との間の梯子を見出そうとして苦闘したのが、西田幾多郎である。彼の挫折は、西洋哲学がキリスト教に基づく人工進歩思想（二元論〔肉体がない〕）であるのに対し、日本のそれが自然神に基づく進化の無（一元論）であり、交わる所のないことに気づかなかった（交わるのは、ニーチェの虚無くらいである）。そして戦後日本人は一切、日本に思想はないとし――ないと言うより、地政学・風土的に作れない、なぜなら日本人は進化を生き、「我」を持たず、「無で考える」しかなかったから――白布地の上の糞尿を水で洗い流す（退化した）頭で西洋思想を猿マネし、自らを猿マネ暗記ザルにまで貶めたのである。

だいたい「日本に思想がない」「思想は外国からくるもの」等の頭がどうかしている。国家であれば、それを思想と呼ばずとも、なんらかの根拠となる「考え」の上に成り立っているはずである。その「考え」を持たず西洋（特にアメリカ）の猿マネ暗記をやっているから日本は妾だ、というのである。妾は主義、主張をしない。日本において主義、主張をしたのは、進化した武士だけである。特に幕末の志士などは、主義、主張をしたから殺し合いになった。それに対し「村」人は、何も「考えず」何もしなかった。それが戦後の十二歳の少年化に繋がっているのである。

丸山は「東條英機を長とする軍部は、……自分の主張をしない」と批判したが、空っぽ頭の「村」人の歴史的古層には、そも「主張をする」という思想がない。それは、丸山にしたところで、軍部がのさばっていた間は主張することもなく隠れていたのが、敗戦によって怖いものなしになったから、今や弱者となった軍部いじめに走ったのである（私は以前、丸山はいじめはしなかった、と書いたが撤回する）。それが「村」人の弱いものいじめの体質で、朝日新聞の従軍慰安婦報道、大江著『沖縄ノート』（岩波新書）がそれで、彼らは決して強いものには批判の矢を向けない。むしろゴマを擂る。いったい誰が、アメリカが無辜の民の上に原爆を投下したことを非難したか？　それを「過ちは繰返しませぬから」とはお笑い種である。まさに何事も「私《あっし》が悪うござんした」と言えば済むと思っている。それでいてナチスのホロコーストは非難する。これが世界の「空気」を読む日本人の「村」人性である。

日本においては、かつての武士だけが主体性をもって自己の言動を行った。空っぽ頭の「村」人は「空気」を読んで言動する。だから日本人で三島事件（憂国のために自らの腹を切る人間の心情）を理解できた者を、私は寡聞にして知らない。

日本は森と水とから成る自然豊かな島国であった。従って西洋文明発祥の地が砂漠であることを考え、地政学的、気候風土的に進化の条件が異なれば、そこに住む人々の思想（「考え方」）が違ってくるのは当然である。たとえば農民主体の日本人の歴史的古層には、戦争を含めて「殺さねば生きてゆかれぬ」という思想がない。ところが多くの外国では「殺さねば生きられぬ」という現実があった。そうしたことを「考える」能力ゼロの、戦後の猿マネ暗記ザルには、考え及びもしなかった。

日本の古代人はまず森を切り開き道を作り、交流し、やがて時代と共に平野に集まると、そこに水を流し耕作地を作った。これが日本の思想の源流としての「人の道」であり、「水の流れ」である。それが「何々道」「何々流」という「考え方」を日本人の歴史的古層に植えつけ、それは今日に至るまで、あらゆる所に「道」「流（派）」のあることからも明らかであろう。

これが日本人に「水に流す」思考を生み出させ、それは西洋糞尿塗れの思想をも、無意識にウォシュレットできれいに流してしまう始末だから、西洋思想など分かるわけがない。

と、ここで突然ある思考が、私の上に舞い降りてきた。それは日本人の異常な謝罪好きである。そして謝罪によって不祥事等が「水に流れる」という事実である。それに気づいて、これまで私のもやもやしていたものが、一挙に晴れた。

それは広島平和記念公園の「過ちは繰返しませぬから」に始まって、政治家・河野洋平の「お詫びと反省」、宮沢喜一首相が韓国で八回もぺこぺこ頭を下げて謝罪したこと（これは「村」人の土下座外交である）等である。が、なにより奇っ怪なのは、朝日新聞の従軍慰安婦報道、大江著『沖縄ノート』（岩波新書）裁判に関わることである（この二つは本質的に同じなので、ここでは前者について述べる）。そして、あれだけの誤報を流しておいて、いまだに一流新聞と認められている不思議さである。

戦後、完全に武士を失い、「考える」能力をもつ者はゼロになった。それ以前、「村」人は武士に対し何事も「私《あっし》が悪うござんした」と言っておけば、「水に流れ」命の危険はなかった。だからその思考は歴史的古層化し、何事も謝罪しておけば、「水に流れ」不安なく過ごせるという無思考性（白痴化）に繋がることになった。

朝日新聞の記者は、その無思考性のなかで、ただジャーナリストの使命を、考える能力のない「村」長《おさ》のそれと誤認したのである。だから彼らにとって、情報の確認などどうでもよかった。「村」人の長として大東亜戦争における日本軍が、従軍慰安婦を置いていたことを、「村」人たちに「お前たちも反省せよ、この不祥事を殿様（これは歴史的古層における武士の亡霊）にお詫びしろ」といって報道したのである。報道というより「考える」能力ゼロの、「村」人の歴史的古層にある、何事もそう言っておけば「水に流れる」感がそうさせたのであって、自分がなにを言っているかの自覚もなかった。

その後、朝日対反朝日の論争が二十年余も続き、それに決着をつけたのは、実に歴史家・秦郁彦が従軍慰安婦の舞台となった済州島を現地取材した結果、その事実のなかったことによって幕引きとなった。

それでいて、いまだに朝日新聞が一流とされているのは、日本「村」人という白痴の長《おさ》だからである。「考える」能力のない国民（白痴）の長として存在しているのであって、ジャーナリズムとは無縁である。

むろんこの論争が、問題の本質になんの役にも立たなかったのは言うまでもない。それに戦後の「村」人は、何百年と「考える」ことをせずに来、ただ「私が悪うございました」感というものしか、彼らの歴史的古層には入っておらぬ退化した頭だからである。それが白痴化の原因である。

このことは戦後、ＧＨＱにその空っぽ頭を洗脳され、その体制が今日まで続いている理由である。「村」人は、三島の言う日本の歴史、伝統と無縁に生きてきた人々だから、今更、彼らに自分の頭（肉体の無）で「考えろ」と言ったところで無理である。

それが戦後日本人に、白痴民主主義になんの疑問も抱かせぬ理由である。しかも白痴国民の選んだ政治家も、所詮、白痴だということである。つまり「考える」能力がないから、ＧＨＱに洗脳されたまま民主主義をやり、また学問は大学へ行って、意味も分からず哲学、政治学、経済学等、西洋のそれを学ぶのである。彼らの空っぽ頭には、自分が日本人であり、ここが日本であり、従って日本の歴史と伝統とに基づいて、国を動かしていかねばならぬ、という意識は微塵もないのである。頭のなかまで植民地化されてしまっているのである。

話を戻す。

それはともかく最初に人と人とを結びつけた「人の道」が日本人には大きかった。人の道を外れることは、神道を生きてきた日本人には罪に近かった。それは「和を以て貴しと為す」と同義と言ってもいい。だから日本において自由、平等、博愛など意味を持たなかった。

しかし為政（権力）者がいなければ、国として纏まらない。従って進化においても権力闘争としての戦争は起こらざるを得なかった。しかし農民に養ってもらっていた武士は、彼らを過酷に扱うことはなかった。そんな道を生きる日本人に「主義」「イズム」の類は無用であった。

特に江戸時代、権力者である武士は、なによりも「村」人の統治、指導のための士風の維持が肝要となり、彼らはその士風の維持のために武士道を第一義としたが、「人の道」の学問もした。その学問は「村」人にも及んだが、多くの「村」人は無知

（退化）の状態に置かれたままだった。それでも「人の道」の教えは浸透し、福沢の母親のような人間を生み出すことになった。しかしそれは日本人の多くを「民は之《これ》に由《よ》らしむべし、之を知らしむべからず」（『論語』）民を為政者の方策に従わせることはできても、その理由を理解させるのは難しい）にしてしまった。

そしてその退化は、大東亜戦争後も続き、民主主義をマネしても、それは日本人の歴史的古層にある流派主義、つまり談合派閥政治にしてしまった。つまり「自分の主張」ができぬから、群れの「空気」による派閥主義になったのである。その上、西洋を猿マネした教育制度では、暗記ザルは生み出せても、「人の道」を知るヒトは生み出せない。

日本は神道・仏教の国であり、その根底にあるのは無（空）である。そんな国に砂漠の宗教から生まれ、その歴史的古層をもつ民主主義など成り立つわけがない。せいぜい妾のやるアメリカ製玩具「ゴッコ」である。

日本の仏教（神道）の根底にあるのは、ハイデガーのあるではなく、何処まで行っても無である。いくら西洋を猿マネ暗記しても、歴史的古層がまったく異なる以上、無駄である。なぜならニーチェが「肉体のなかに住む『本来のおのれ』」が『我』の支配者でもある」と言うように、ヒトは自らの歴史的古層に無意識にも支配されているのである。

それは「葉隠」の述者・山本が、自分が「からくられた人形」である意識を持っていたのと同じである。

日本人に仮にも「考える」能力があれば、西洋キリスト教ヤクザ文明が最低であるのは分かるはずである。それは歴史を読めば明らかだが、もはや日本人少年に理解させるのは無理なのかもしれない。

それに西洋キリスト教文明が、その歴史的古層にもつ進歩と欲望との思想から成る、その戦争と破壊との文明にどんな未来があるというのか？　それは核兵器を含む武器を進歩させ、自然はますます進歩思想によって破壊され、ヒトは金のために進歩と欲望のことしか考えなくなり、それによって人間関係はますますギスギスしたものとなり、凶悪犯罪は増える一方である。またヒトは人工知能によってますます自分の頭で「考える」能力を失ってゆき、それはますますフランケンシュタイン博士の描いた世界へと化していくだろう。それに西洋の進歩は必ずといっていいくらい、破壊と対になっている。その意味では西洋文明はすでに壊れている。ニーチェはそうした「末《まっ》人《じん》」の世界に「超人」を夢見たのかもしれぬが、私が痛感するのは、人間のこれほどまでの頭の悪さである。たとえば共産主義思想に熱を入れる愚か者である。人間が理性のロボットならそうした世界も可能かもしれない。しかし人間は本能的価値に縛られた感情をもった生命である。従ってそんな世界は一〇〇%成り立たない。そんなことも分からぬのは、西洋人の思考には身体が入っていないからである。これが彼らの思考の最大の欠点である。

日本に必要なのは「自由でも民主主義でもなく」、「人の道」であり、彼らを束ねることのできる道の思想の下に「武士道」をもった「人」である。それにはまず士学校を創り、士風をもった人を育成し、彼らに国家の統治、指導（教育）の全権を委ねることである。そのためには白布地に「無」（空）の文字を書き留めることができ、自分の頭で「考える」ことのできる人材の育成が喫緊である。そも進化の文明を生きる日本人が、進歩の思想を学ぶことは無意味である。日本人にとっては、まず進化を押し進め「無で考える」ことができるようになることが肝要である。

今日の西洋文明は、あたかも「人の道」を侵略する悪性腫瘍の如きものであり、その終末はあたかも癌細胞の如く、自ら（人類）を食い殺す死の未来以外に、なにが考えられるというのか？　この進歩と欲望との文明に、どんな夢が抱けようか？

と、ここまで書いてきてさらに続けようと思ったが、はっと気づいたのは、日本文明が昭和二十年八月十五日に終わっていることだった。またさらに、三島事件を理解できぬ白痴に、なにを言っても無駄だと悟った。そこでこの項はここで筆を擱く。

# 夢の正体

私は夢について考えたことはほとんどない。フロイトの『夢判断』など触れたことさえない。初めから夢とは、分からぬものだと決めてかかっていたようである。

が、今から六、七年前（七〇歳の頃）、衝撃的夢を見た。ただ夢自体は普通のもので、訳の分からぬものだったが、その質に問題があった。それは到底、説明できぬものだが、敢えて譬えれば、今日のカラー・テレビと、古惚けたブラウン管のそれとの違い程、前者の夢には臨場感があった。

私はその衝撃から、三時間程もベッドから抜け出せなかった。今もその夢を鮮明に思い出すことができるが、なぜそのような夢を見たのか、今もって分からない。その後、そのような夢を見ることはなかったが、若い頃に比べて夢の鮮明度が増し、見る回数も増えた。

私が夢のメカニズムに気づいたのは、直近のことであるが、何の感動もなかった。それは虚無、肉体の無、進化と追っていけば、自然に分かることだったからである。それは「肉体のもつ大いなる理性」「歴史的古層」「四次元身体と三次元身体」等を肉体で理解できるようになったからだが、意識（言語）で「考える」ヒトには得心のいかぬことである。

夢は進化とも、肉体の無のもつ意識（無意識とは関係ない）とも係わっている。この肉体の無のもつ意識とは、進化はしているが意識上に昇ってこない、過去の役目を終えた希薄な肉体の無のなかに蓄積された意識（この表現は意識は肉体に繋がっているもの）だ、ということである。分かり易く言えば、デカルトの心身二元論を否定したものである。

進化とは簡単に言えば、自然環境からの情報を「肉体の無」「肉体のもつ大いなる理性」等に下降させ、そこで恰も「考える」かのような操作によって――この肉体で「考える」のが進化である――その肉体の無から生（進化）が上昇し（力への意志）、肉体を変異させることで、自然環境に適応することである。従って進化は人工的に思想を捏造することはできない。進化は垂直的な生の上昇であって、それは自然環境との情報の交換であるから、生の上昇が左右にブレるということはない。それに対し砂漠に生まれた西洋文明においては、自然を持たぬが故に垂直的に進化（生）の上昇ができず、已むを得ず自ら神を作り出し、その神の下に正当化した捏造言語・思想を通して、戦争、略奪、破壊をその言語・思想の下に行うことによって生き延び、その結果その思考は捏造によって非自然朝顔の花弁状に広がることになり、その進歩を通して言語・思想を作り出していった（『西洋詐欺文明』のあとがき参照）。だから彼らは、思想は言語による進歩によってしか生み出せぬ、と考えるに至った。しかしその朝顔は栄養源を持たない。そこでＡＩのような人工的知能に頼るしかないのだが、それはＭ・シェリー作『フランケンシュタイン』が描き出した世界を髣髴とさせる。そしてその朝顔の花弁の先端部分に、自由、平等等、民主主義、共産主義等、インターネット等、核兵器等の糞尿塗れの思想を生み出していった。その糞尿を戦後の完全に退化した日本人はきれいに水で洗い流してしまうから、西洋思想がまったく分からない。それと共に戦後の日本人は進化を生きる意志がなく、退化のなかで西洋猿マネ暗記ザルをやるしか能がなくなってしまった。福沢の言う「士風の維持は万世の要なり」がないのである。

ヒトは意識の世界を生きているだけだから、自分が進化しているのか、退化しているのかは――それは肉体の無のなかで起こることだから――分からない。ただ進化は生命生存の問題であるからして、その肉体の無のなかで進化を強くしなければ生存は覚束ない。

ところが、西洋人は意識下のことがまったく理解できず、自分たちは進化とは無縁(彼らも生命であるから無縁ではないのだが)に進歩のなかで繁栄しているから、それでいいではないかと考えるのは愚鈍である。彼らの非自然朝顔形に進歩したその強さは、単に進化が悪性腫瘍化しただけだからである。核兵器を生み出したのはその証である。

進化はサルの肉体の無から意識を生み出し、私がこれまで「サルないし原ヒト」のような表現を用いてきたのは、あくまで便宜上であり——言語が自然（無・無限の宇宙）にメスを入れて切り分けて生じるものだ、という宿命から生じたものであり——進化は飽くまで垂直上に生を上昇させていくだけである。

原ヒト前の存在は、夢を見る状態以前の（以下、多くの場合、夢は通常の意とは異なり映像に近い。言語化不可能）、ただ進化において生を下降・上昇させているだけの無の世界を生きているだけだった（サルの世界）。それを後に肉体を伴った言語化によってそれまでのものを言語情報の下降と、言語情報の上昇とが交差するところに、進化によって夢らしきもの（映像）が現れることになった（原ヒト・言語による説明はできない）。そのときヒトはまだ、サルの本能の影響を強く受けて生きていたから、それは明確な形を持ったものではなかった。それが夢らしきものが現れるところまで進化すると、その言語情報の下降・言語情報の上昇とを以てそれまでの無という現実と向き合うことによって、より生き延びる確率を高くする（力への）意志として、進化はいまだ肉体を伴う意識という夢のような状態から「考える」（意識）の方向にむかって行き、ついにそれは肉体を切り離したかのように思える状態「ある」で「考えている」かのように思えるに至る。しかしこれはいまだ、「考える」ではなく、「映像」の「ある」でしかない。

この「ある」と「考える」とは別のものである。

そうなると「考える」「ある」とは何かと言うことを、今一度考えてみる必要がある。

話を『空（無）の思想』に戻す（細部は省く）。

サルは時間も空間もない無（四次元）である四次元身体を生きている。しかも生命進化（生）は上昇している。そこでヒトは進化によって後に映像と不可分となる言語

(言語起原論については同書を参照)を基に、夢らしきもの(夜間に見る夢とはまったく別のある)を無のなかに浮かび上がらせることになった。

　これはそれまで四次元(無)を生きていたサルが、進化によって四次元身体のなかに、言語に基づく三次元身体――四次元身体が時間と空間(三次元)とに切り離されることによって生み出された虚構の身体――を帯びることで、夢らしきもの(時間と空間と)が現れ始めた、ということである。

　この三次元身体は、進化によって肉体から生まれたものであって、それは世界(宇宙)という四次元世界を解体し、時間と空間(三次元)とに分解することによって、夢(映像)のような「ある」(有)の世界を出現させたのである。詳細は省くが、四次元身体をヒトが三次元身体に解体し、進化することができたのは、宇宙(四次元世界)の巨大さに対し、ヒトが無に近いほど極小な存在だったからである。

　すなわち生命の本質は、肉体という四次元身体であり、そこから進化によって、三次元身体という夢のような虚構の身体が、生み出されたのである。つまりそのことはヒトは四次元身体を生きながら、同時に三次元身体という虚構の身体(意識)をも生きることになった、ということである。

これによってヒトは虚構の時間と空間とを存在させ、それと共に言語（虚構）によるる「ある」を存在させるに至ったのである。従って「ある」は夢という虚構である。それは別言すれば、言語が四次元身体（肉体の無）から三次元身体という、夢（映像）に繋がる世界、虚構「ある」の世界を生み出した、ということである。つまりそのことは肉体が先で、言語に基づく夢のようなものは後だ、ということである。すなわちそれは、ヒトは進化しているということである。

このサルの無から原ヒトへの、言語に支えられた夢らしきものに至るまで、何万年もの歳月を要したのは言うまでもない。

しかしただ夢（夜間に見る夢とは別・映像）のようなものが現れるようになった、というだけでは進化にはならない。

そこで進化は次の段階に進み、夢のように現れたものと世界内の現実物との一致、という方向にむかってゆくことになる。それは現実物に名付けるということだが、それを行ったのは実質、肉体を持たぬ三次元身体という、夢のごとき虚構の肉体によってである（西洋文明は後にこの虚構の肉体に「我」を置くという過ちを犯す。これによって「主体は虚構である」になってしまった）。

世界はこのように現れ、さらに進化がすすむと、それまで途切れ勝ちだった夢＝「ある」は継続性、実体性を帯びた言語性を帯びることになり、その継続に伴い夢＝「ある」も同様に継続する。そしてこの継続性を帯びた夢はもはや夢とは呼ばず、意識という現実性を帯びた、肉体を底辺に持った――これを俗称、無意識と呼ぶ――ものとなる。これによって、ヒトは世界を三次元身体による意識という虚構化＝夢（有）化した世界を生きることになったのである。そしてこの夢が現実と呼ばれるものである（むろん夜見る夢とは別のものである）。

ニーチェの「主体は虚構である」とはこの主体＝「ある」は虚構であることを言ったのであり、ヒトは夢の世界を現実として生きるようになったのである。つまり夢を意識という実体化したものにすることによって、それを現実と感じて生きるようになったのである。それは言い換えれば、現実という意識の壁がそこにでき強くなることによって、それまでの稀薄な夢（映像）のようなものの上昇は意識の壁に阻まれて感ぜられなくなったのが現代のヒトである。つまり一言でいえば、ヒトは現実という夢のなかで、意識に感ぜられぬ夢をも生きているのである。そしてそれは同時にヒトに覚醒と睡眠とは別のものだ信じさせることになり、それによってヒトは普通の夢を見るものだと、思うようになったのである。

進化は、その情報を肉体の無に無限に蓄積し、――肉体と意識とは意識下で繋がっているから――すでに用済みになったからといって、機械のごとくそれを廃棄することはできない。だからヒトは意識上に昇ってこない過去の稀薄な夢（映像）を、睡眠から覚醒時に至ろうとするとき、意識の壁が薄弱になることによって、それまで意識の壁によって通過できなかった稀薄な夢（映像）を夜間、睡眠中の夢としてアトランダムに蘇らせることができるようになったのである。このことは進化（生）が上昇しているヒトは、太古から今日に至るまで稀薄な夢を見続けているということであり、それが事実上見られなくなったのは、現代に至り意識という強化された夢の壁（現実）に阻まれているだけのことで、昼夜、ヒトは稀薄な夢を意識下で見続けているのである（後述するプルーストは、昼間もこの稀薄な夢を現実として見ていた）。

一つ付け加えておかねばならぬのは、進化はただ「ある」だけでは意味がなく、生き延びる（殺し、食う）ために「ある」ということである。つまりそこには生存を持続させるための「考える」（進化の）能力がなければならぬ、ということである。夢ももともとそこから生まれたのである。

その「考える」を西洋人はキリスト教を捏造することによってそれを畸型に実現し、また日本では武士が無を得ることによってそれを可能にした。従って戦後の日本「村」人の頭は、白布地の如く自分で「考える」ことができず、それによって西洋猿マネ暗記ザルに退化することになった。

この夢のメカニズムは、そっくり其の儘、臨死体験にも当て嵌まる。浅い睡眠時に夢を意識上に上昇させるように、臨死状態にある人も同様に、古い稀薄な肉体の無を孕んだ夢らしきものが、進化（生）の上昇と共に臨死状態にある人に夢の如きものを見させるのが臨死体験である。

なお、以下に述べる人物の体験は、普通の夢と言うには語弊はあるが、一応記す（プルースト、ランボーについては、拙著『生における神秘体験の意味』を参照）。

まずプルースト。彼の場合は白昼夢である。彼は虚弱体質にあったため、目覚めている状態でも、普通の人が目覚めようとする時の、浅い意識状態にしかなかった。その状態にあって彼の肉体の無（肉体の無が意識に繋がっているという意味）の、意識に保存されている古い無秩序な夢の如きものが、夢として意識上に上昇してゆくのだが、彼の場合、目覚めていても稀薄な意識状態にあり、それが外部環境との間に意識という厚い壁が、彼の場合薄弱であったため、そこを稀薄な夢が通り抜け、それによって（現実という）夢と稀薄な夢との混一・同化が起こり、白昼の夢として意識上に上昇することになった。つまり彼は稀薄な夢と現実という夢との双方を意識のなかで見ていたのである。

また彼の無意識的記憶とは、肉体の無を伴った意識であり、彼の肉体のなかには進化の逆行によって無尽蔵とも言えるほどにそれが眠っているから、それは限りない無の意識の記憶として創造されることになる。それが『失われた時を求めて』が長大な作品になった理由である。

従って『失われた時を求めて』は、読者のために書かれた小説ではなく、彼の現実と肉体の無を伴った意識とが合一するところに生まれた、彼の肉体の無が見た夢の記録なのである。

彼の場合、その古い肉体の無の意識が外部環境との接触を持っていたから、虚無化しなかったのである。もし彼の「外部環境が閉ざされた無の状態」に置かれていたら、彼も虚無に陥っていただろう。この「外部環境が閉ざされた無の状態」とは、彼の場合、白昼夢という彼の「虚構の主体」にその夢（言語）が無尽蔵に流れ込むと同時に流出していたから、ニーチェや私のように「閉ざされた無の状態」のなかで「虚構の主体」が成り立たぬ、という苦痛から無縁でいられたのである。つまりプルーストは夢を見ていたから、その言語（夢）の流出によって、主体がどこにあるかは問題にならなかったのである。

従って彼は虚無の苦痛から無縁な夢の世界にいられたが、その引き換えに、彼はもはや人生というものを持たず、コルク張りの書斎で自己の夢（著作）に耽ることになったのである。それが彼の生である。

次いでランボーであるが、初め彼も白昼夢を見たのではないかと思ったが、――確かに彼も瞬間的に、肉体の無が見る夢を見ており、それがヴォワイヤンであるが――彼の手紙を読む内、ニーチェ同様、彼も虚無に陥ったものと判断した。従ってプルーストとランボーとの違いは、「外部環境が閉ざされた無の状態」であったかどうかの違いでしかない。これはニーチェにも言える。

次の手紙は、彼が二十歳前の青年だということを頭に入れて、読んでもらいたい。

なぜなら「われ」とは一個の他者であります。銅が眼が醒めてみると喇叭《らっぱ》になっていたとしても、それは少しも銅の落度ではないのです。このことは僕には明白です。僕は思想の開花期に臨んでいます。それをみつめ、それに耳を傾けています。僕が楽弓を一ひき弾ずると、交響曲は深淵の中で鳴りはじめ、あるいは舞台の上に躍り出てきます。……「詩人」はあらゆる感覚の、長期にわたる、大がかりな、そして理由のある錯乱を通じてヴォワイヤン（視る人）となるのです。あらゆる形式の恋愛や、苦悩や、狂気によって、彼は自分自身を探求し、自分の内部に一切の毒を汲みつくして、その精髄だけをわが物とします。それは完き信念、超越的な力、を必要とするいうにいわれぬ呵責であって、そこで、彼はとりわけ偉大な病者、偉大な罪人、偉大な呪われ人となり、――そして、至高の「賢者」となるのです！――なぜなら彼は未知のものに到達するのです！……彼は未知のものに到達し、そして、その時、狂乱して、己のさまざまな視点についての知的認識力を失ってしまった時に、はじめて彼はそれらの視線《ヴィジョン》を真に見たのです！

彼の代表作は『地獄の季節』と『イリュミナシオン』であるが、この手紙に書かれた、「『われ』とは一個の他者であります。銅が眼が醒めてみると喇叭になっていたとしても」とは、まさに彼が虚無に陥った時の地獄の季節のことを言っている（虚無とはまさに地獄に外ならない）。つまり進化の逆行を通して「肉体のもつ大いなる理性」「肉体のなかに住む『本来のおのれ』」に達し、それをランボーは「『われ』とは一個の他者」と認識したのである。そしてその虚無という「錯乱を通じてヴォワイヤンとなるのです」と、彼が言うことができたのは若さ故「超越的な力」をもって「偉大な病者、偉大な罪人、偉大な呪われ人となり」、それによって「至高の『賢者』となり、未知のものに到達するのです」、「そして、その時、狂乱して、己のさまざまな視点――虚無に陥ったから、彼はあらゆる視点を持てたのであり（そうしたあらゆる視点〈虚無〉を無から見たのが歴史的古層）――についての知的認識力を失ってしまった時に、はじめて彼はそれらの視点《ヴィジョン》を真に見たのです！」とは、虚無の視点で世界を見ることができるに至った、と彼は確信したのである。

しかし虚無は『地獄の季節』という題目どおり、彼をヴォワイヤンにするほど簡単なものでないことは、彼には若さがあったが故に、虚無の苦痛にありながらも、そうした夢を抱かせてしまったのである。

そしてどのようにしてか分からぬが、彼のその虚無は失われ、次作『イリュミナシオン』を書いたとき、彼自身にも分かるほど、それがつまらぬ作品であることに気づかぬ訳には行かなかった。彼の「至高の『賢者』」は失われたのである。

斯くして彼は詩への夢に幻滅すると共に、ヨーロッパ・キリスト教文明を捨て大陸を去ったのである。

そして最後に私の二冊の短編小説に触れる。馬一《ばいち》（『天才論』所収）と『かげろう源氏物語』とである。当時、私の頭はニヒリズム等で一杯で小説を書くことなど、夢にも考えられぬことであった。過去三十年くらいの間に、読んだ小説は二、三冊程度で、それも資料としてに過ぎない。

私が二冊の短編を書いた状況は、日付こそ異なれほぼ同じ質のものである。どちらも睡眠中ではあったが夢を見たわけでもなく、ただ目が覚めたら完全な形で私の頭のなかにそれらの小説があった。私が係わったのは固有名詞くらいである。

ただ『かげろう源氏《げんじ》物語』の折は、目覚めたとき、その小説の女主人公の名が原子《はらこ》で、それを原子と読ませることもできる、という記憶があったせいで、一瞬、夢かとも思ったが、後《あと》の記憶が一切ないが故に、夢では有り得ぬと悟った。

正直、私には訳が分からなかった。私にその小説の記憶がまったくないにも拘わらず、まるで私のなかに他人がいて、彼が暗記している小説を私が書いているような感覚しかなく、一切自分が創作しているという感触はなかった。

しかも『かげろう源氏物語』は二十代の男女の悲恋小説であって、七十七歳の杖をついている老人から、どうしてこんな小説が生み出されたのか謎だった。

これらの小説はすべて夜間、私の肉体が創作したものである。だから私は目覚めたとき意識はそのことを一切記憶しておらず、ただ私の歴史的古層（肉体の無）が覚えていただけなのである。

私は意識だけではなく、歴史的古層でも「考える」ことのできる人間だから、そこでの記憶を一個の他者として覚えていた、ということである。従って睡眠中、歴史的古層で創作されたそれらの小説が、目覚めとともに意識に浮かび上がってきた、ということになる。それはプルーストの『失われた時を求めて』の「私の内部で、深い水底に沈んだ錨のように、ひき上げられるのを待っていた何かが、動き出し、浮き上がろうとしてふるえているのを感じる。……と突然、追憶が浮かび上がった」と同じ構造のものであって、ただそれは覚醒時と睡眠時との違いがあるだけである。私の二編の小説とも肉体の無で描かれたものであり、そこには夢と違って睡眠の壁のようなものがなかったから、歴史的古層において楽に書くことができたのである。これら私の小説をランボー風に言えば、私の意識が創作したのではなく、「私のなかに存在する肉体という一個の他者」によるものだ、ということであり、またニーチェ風に言えば、「肉体のなかに住む『本来のおのれ』」ということになる。

それらのことは、肉体と意識とは進化において繋がっており、進化の逆行によって意識が肉体内に入る得ることを証明している。それは意識が肉体から生じたことを考えれば自然である。

その意味では『葉隠』が「世界は皆からくり人形」と言ったが如く、ヒトは「肉体のなかに住む『本来のおのれ』」にからくられて生きているのである。ただ意識がそう感じさせぬだけのことであって、「主体は夢という虚構である」。

人の一生は「からくり人形」が演ずる「夢芝居」に過ぎない。

## あとがき

私の今の気分は、なぜか陳子昂《ちんすごう》の漢詩『幽州台《ゆうしゅうだい》に登《のぼ》る歌《うた》』にぴたり一致している。

前《さき》に　古人《こじん》を見《み》ず
後《のち》に　来者《らいしゃ》を見《み》ず
天地《てんち》の悠悠《ゆうゆう》たるを念《おも》い
独《ひと》り愴然《そうぜん》として　涕下《なみだくだ》る

**著者プロフィール**
**堀江 秀治**（ほりえ しゅうじ）
昭和21年生まれ。東京都出身、在住。
慶應義塾大学を卒業、その後家業を継ぐ。
特筆に値する著書なし。

**進化における丸山眞男と夢と**

2024年２月15日　初版第１刷発行

著　者　堀江 秀治
発行者　瓜谷 綱延
発行所　株式会社文芸社
〒160-0022　東京都新宿区新宿１－10－１
電話　03-5369-3060（代表）
03-5369-2299（販売）

印刷所　図書印刷株式会社


ISBN978-4-286-24834-9